A QUI
LA SAVOIE DU NORD?

PAR

E. CLAMOUX

ANNECY

IMPRIMERIE J. DÉPOLLIER ET Cie

1871

A QUI
LA SAVOIE DU NORD?

TO A

POET IN TROUBLE

A QUI
LA SAVOIE DU NORD ?

PAR

E. CLAMOUX

ANNECY
IMPRIMERIE J. DÉPOLLIER ET Cie
1871

A QUI
LA SAVOIE DU NORD?

Ainsi que le comte de Chambord, le comité républicain de Bonneville daigne s'occuper, avec une tenacité que rien n'émeut, du bien-être présent et futur des populations, qu'il se croit appelé si non à gouverner du moins à diriger.

Les correspondances avec Genève, les adresses aux conseils municipaux, les proclamations au peuple, les manifestes, s'échappent à tout propos du sein de ce comité fécond, et inondent la Savoie de leurs prétentions sans cesse écartées ou méprisées par la population, désireuse certainement d'assurer sa tranquillité, mais peu disposée à soutenir les intérêts personnels des ambitieux qui s'attribuent le haut privilége de sauvegarder l'honneur et la prospérité des Savoyards.

Pendant la guerre déplorable qu'un autre prétendu sauveur de peuples a infligé à la France et à l'Allemagne, quelques membres du comité républicain de Bonneville profitèrent des inquiétudes et des déceptions causées par les désastres des armées françaises, pour réclamer l'occupation de la Savoie par la Suisse, ce qui n'eût été qu'un acheminement vers l'annexion; mais l'attitude loyale et toute française des Savoyards, l'empressement des mobiles et des mobilisés à marcher au milieu des soldats français pour partager leurs revers ou leurs succès, ne permettaient pas au comité républicain de Bonneville de proclamer des projets hostiles à la France. Il le comprit et se déclara lui-même, afin de s'attirer la popularité qu'il convoite, *dévoué à la France républicaine et prêt à tous les sacrifices pour la soutenir.*

Alors, Français et Savoyards avaient les mêmes espérances : l'armée de l'Est marchait victorieusement à la délivrance de Belfort ; encore une bataille heureuse et cette place héroïque était ravitaillée, renforcée; Garibaldi et Bourbaki pénétraient dans le duché de Bade, et cette invasion causait dans tous les esprits et dans l'armée allemande une diversion capable de sauver la France !

Alors, disons-le bien haut à la gloire de

la Savoie, les cris de *Vive la France! Vive la République!* sortaient sincèrement des vaillantes poitrines savoyardes et celui qui eût parlé de séparation eût été accablé du titre de lâche et répudié par ses compagnons!

Ce souvenir rassure ceux qui nous ont vus dans ces moments de dangers : cette fidélité dans l'adversité répond de notre dévouement à la France.

Et quelques hommes, n'écoutant que leurs opinions et leur ambition personnelle, tentent aujourd'hui d'enlever aux Savoyards la réputation qu'ils ont acquise par des siècles de bravoure, de loyauté et que notre fidélité à la France a encore grandie!

Faisant appel aux sentiments égoïstes, à de prétendus intérêts matériels et profitant des malheurs d'une mère-patrie qui nous a traités en enfants bien-aimés, ils osent tenter de dépouiller les enfants de la Savoie de ce qu'ils ont de plus cher, de plus sacré : leur honneur et la sauvegarde de leur dignité aux yeux des autres peuples!

Qu'est-ce donc que ce Comité qui affecte sans cesse de pareilles prétentions?

Quel est son but et sur quoi s'appuient les hommes qui le composent pour tracasser leurs concitoyens et les solliciter d'abandonner dans la douleur, qui vivifie et non qui tue, la nation qu'ils ont choisie, et cela pour les jeter dans les bras d'une autre nation, peu empressée, paraît-il, de les recevoir ?

Nous n'avons pas l'habitude de nous occuper des personnalités, si encombrantes qu'elles soient ; la population intéressée connaît suffisamment les membres du comité républicain de Bonneville. Il nous serait possible de découvrir parmi les signataires du manifeste soumis à l'adhésion des Savoyards du Nord, quelque personnage qui aurait bu longtemps à la France, à l'empereur, à l'impératrice et au prince impérial, et celle de son *alter ègo*, qui aurait, sans nul doute, poussé les mêmes cris si le premier ne s'était réservé adroitement les occasions de mériter l'approbation du maître qu'il servait.

L'opinion publique est édifiée sur leur caractère ; jamais de pareils hommes ne feront croire aux Savoyards qu'ils sacrifient leur temps et leur savoir au bonheur de leurs voisins.

Mais sachons infliger aux âmes trop amoureuses d'honneurs et de popularité le silence qui sied à leur conduite, et passons aux questions d'intérêt général.

Qu'est-ce que le Comité dit républicain de Bonneville ?

A Bonneville les têtes s'échauffent parfois sous diverses influences ; alors le monde entier est aux dictateurs de Bonneville et il n'y a pas d'intelligences supérieures aux leurs : citoyens d'une ville de 1500 âmes au plus, banlieue comprise, ils traitent de ruraux, de réactionnaires, de cléricaux, etc., les habitants des autres localités et, petit à petit, dominés, inspirés par les charmes d'une contemplation mutuelle, ils s'élèvent au niveau des plus grands citoyens des plus grandes cités ; ils rêvent révolution sociale, créent des clubs, des comités, battent de la caisse, sonnent du clairon et se demandent finalement s'ils ne doivent pas, à l'instar de Paris, proclamer la Commune et sauver l'humanité.

Empressons-nous cependant d'ajouter que cette légère esquisse de mœurs ne doit s'appliquer qu'à la population turbulente et désœuvrée de Bonneville, qu'on laisse faire et que l'on craint peut-être.

Dans une ville semblable, on se figure aisément ce qui se passa le 4 septembre 1870, à la nouvelle de la proclamation de la République ; le procureur et le sous-préfet furent immédiatement saisis et sequestrés ; on s'empara de la mairie ; puis, réunis au son de la caisse, deux ou trois cents électeurs nommèrent sur-le-champ un comité chargé de maintenir l'ordre et la République.

Telle est l'origine du comité républicain de Bonneville. Il se mit à l'œuvre hardiment et envoya des proclamations dans tout l'arrondissement qui, d'abord, s'ébahit, mais n'imita point les Bonnevilliens.

Les municipalités étant dissoutes, le comité républicain de Bonneville fut chargé de la municipalité; ces fonctions trop modestes ne pouvant satisfaire son ambition dévorante, il se proclama, *in petto*, le gardien des intérêts du Faucigny et s'immisça dans les affaires des diverses municipalités, s'attribuant des droits usurpés et une influence supérieure à tout contrôle, toute autorité.

On le laissa se complaire dans l'importance qu'il se donnait, et voilà comment il se croit encore le représentant naturel et accepté des habitants du Faucigny, du Chablais, etc.

II

Quel est le but du comité républicain de Bonneville et sur quoi s'appuient les personnes qui le composent pour tracasser leurs compatriotes et les solliciter d'abandonner la France ?

La réponse est nette et précise dans l'article suivant, emprunté au journal *le Mont-Blanc* d'Annecy :

« Le comité républicain de Bonneville vient de lancer un manifeste qui a péniblement surpris nos concitoyens. S'armant d'un titre illégal et, partant, factieux, il invite les municipalités des trois arrondissements de la zone à déclarer que la *Savoie du Nord* a le droit de voter une seconde fois sur ses destinées.

« Le vote de 1860 a eu lieu, suivant eux, sous la pression *impériale*. Jusqu'à présent, nous avions cru que l'annexion n'avait été réalisée que le 14 juin, et que, par conséquent, le 22 avril, nous étions encore Sardes, c'est-à-dire n'ayant aucune pression à craindre, aucun fonctionnaire français à la tête de notre pays. Il paraît que c'est une erreur. Il y a, suivant ces Messieurs, vingt mille Faucignerans qui ont voté sous la pression impériale, à l'époque où nous avions notre complète indépendance.

« Je ne pense pas que leur intention soit de déclarer devant la nation française, la Suisse et les pays qui s'occupent de nous, qu'il y a vingt mille électeurs *crétins* ou *lâches* en Faucigny. L'argument se retournerait trop facilement contre eux pour que cela soit à supposer. Cependant, il serait à propos qu'ils s'expliquassent. La prétention de dominer notre arrondissement se fait sentir depuis si longtemps dans les faits et gestes de quelques habitants du chef-lieu que toutes les communes *rurales* et même *urbaines* en sont lasses.

« Assez, Messieurs ! calmez-vous, et laissez-nous agir comme bon nous semblera : votre tutelle est non-seulement inutile, mais encore inopportune, et, si vous continuez, elle deviendra odieuse.

« Il serait aussi fort à propos que vous nous indiquassiez le but que vous voulez atteindre. Voulez-vous être Suisses, Italiens, ou former une petite république indépendante, avec Bonneville pour capitale et les membres du comité pour dictateurs ?

« Dites-le donc franchement !

« Quoi ! c'est au moment où les plaies de notre malheureuse et toujours bien-aimée mère-patrie commencent à se cicatriser, au moment où le calme, si nécessaire à la vie d'une nation, se rétablit peu à peu ; au moment où la République se consolide en se moralisant ; au moment où la Suisse nous fait savoir *poliment* qu'elle ne veut pas de nous, — que vous venez susciter une agitation stérile, sans but pratique et mort-née, parce que tout le monde a besoin de repos!

« Nous ne voyons dans votre manifeste qu'une excuse, les lettres du comte de Chambord. Ce digne fils de la duchesse de Berry veut régner à la tête de *toute* la famille de France et nous rappeler ce dont cette famille est capable : les extravagances de Louis XI; la folie de Charles VI; les *joyeusetés* d'Henri IV; la *glorieuse* captivité de François Ier, qui avait, lui aussi, la manie de s'occuper de ce qui ne le regardait nullement; le sigisbéisme de Mazarin; la bâtardise de Louis XIV; la révocation de l'édit de Nantes, qui a ruiné la France; la guerre religieuse des Cevennes, occasionnée par les remords de Louis XIV et la monomanie de la Maintenon; le Régent et la Parabère; les infamies de Louis XV et de son Lebel; la faiblesse de Louis XVI; la *belle* conduite du duc d'Orléans, votant la mort de son cousin; Louis XVIII se moquant de ses promesses et faisant fusiller le maréchal Ney, la gloire la plus pure de l'armée française; Charles X révoquant les ordonnances; Louis-Philippe se hâtant de prendre sa place et réduisant la France à l'état de puissance de troisième ordre!

« J'en passe, et des meilleures.

« Sans doute, ce serait un malheur plus cruel que la guerre 1870-1871; mais si M. Henri de Bourbon a beaucoup de généraux dans son armée, il n'a aucun soldat.

« Le retour de cette famille est trop improbable pour justifier votre agitation. Et, d'ailleurs, n'oubliez pas que les difficultés que vous pouvez faire naître ne seront préjudiciables qu'à la République.

« Permettez-moi de regretter aussi que vous trouviez si naturel le morcellement de la Savoie, alors que les neuf dixièmes des Savoyards considèrent son indivisibilité comme sacrée. Non ! la croix blanche restera toujours sans tache et sans reproche ! on ne la troquera pas.

« *Un Faucigneran.* »

III

Examinons maintenant le dernier manifeste du comité républicain de Bonneville.

Nous en reproduisons *in extenso* tous les *considérants* en les accompagnant des réflexions qu'ils inspirent.

« 1° *Considérant que la guerre désastreuse « qui vient d'affliger la France et qui a « exposé nos contrées à l'invasion ennemie « nous fait craindre pour un avenir pro- « chain la reprise des hostilités.* »

Tout beau, citoyens ! Vous craignez pour un avenir prochain la reprise des hostilités parce que la France ne vous paraît accepter qu'à charge de revanche la paix qui lui est imposée brutalement et, prévoyant un prochain combat, vous encouragez vos compatriotes à prendre le chemin des lâches et des ingrats.

Halte là ! Messieurs, les Savoyards ne sont pas de ceux-là et vous n'avez pas le droit de douter de leur loyauté en leur supposant de si vils sentiments.

Prenez garde qu'on ne dise que la Savoie a abandonné l'Italie parce que la France était plus riche et plus puissante et qu'elle veut maintenant abandonner la France parce que ses ressources immenses sont amoindries.

Les peuples comme les hommes contractent dans leurs rapports des engagements d'honneur que ne règlent point les lois, mais que l'histoire juge sévèrement ; si vos conseils étaient suivis, citoyens de Bonneville, la Savoie salirait son histoire d'une tache indélébile.

Aussi nous ne doutons pas un seul instant de l'inutilité des menées séparatistes : la Savoie du *Nord et du Midi* connaît et sait pratiquer ses droits et ses devoirs.

2° « *Considérant que les luttes sanglantes*
« *qui se prolongent sous Paris et dans plu-*
« *sieurs villes importantes, que les partis*
« *qui divisent la France sont des causes*
« *incessantes de guerre civile.*

Quoi, lorsque la France entière gémit sur la conduite de quelques égarés qui s'octroient la souveraineté nationale, commettent des actes inouïs, proclament l'abolition du droit, de la religion, de la propriété et même de l'histoire, vous vous emparez de ce fait malheureux, unique, pour insinuer que les Français sont sans cesse en guerre civile et vous ne reculez pas devant un mensonge en affirmant que des luttes sanglantes se prolongent dans plusieurs villes importantes, ce qui est faux vous le savez.

Ne justifiez-vous pas aujourd'hui, citoyens, l'accusation publique qui vous fut adressée par le Club républicain de votre ville lors des élections à l'Assemblée nationale?

Le mensonge et l'exagération sont odieux au peuple et les hommes qui s'en servent inspirent rarement la confiance.

3° « *Considérant que la paix et la tran-*
« *quillité sont indispensables à la prospérité*
« *de notre pays; que l'appréhension d'une*
« *guerre avec l'étranger et la guerre civile*
« *à l'intérieur complèteront notre ruine,*
« *qu'elles éloigneront le voyageur de nos*
« *contrées et anéantiront nos industries.*

Toujours la guerre avec l'étranger, la guerre civile, et pourquoi ne pas dire que tous les Français sont des assassins, des fratricides, des antropophages qui mangent du Savoyard à tous leurs repas?

Allons donc, citoyens, trop usée cette ficelle! Le paysan n'y mordra pas. Il fera semblant, peut-être, car il est aussi malin que vous, mais si c'était sérieux il vous tournerait joliment les talons.

L'attitude sage de la province pendant l'insurrection de Paris prouve assez que la guerre civile est odieuse en France et, d'ailleurs, citoyens de Bonneville, êtes-vous bien certains de n'avoir pas parmi vous quelques communards qui regrettent la défaite de leurs collègues de Paris ?

Ceux-là, la Savoie les cède volontiers à qui voudra les prendre.

Quant aux voyageurs, nous sommes assez naïfs, nous autres non membres de votre comité, pour espérer que suisses, françaises, ou italiennes, nos montagnes et nos vallées resteront ce qu'elles sont devenues grâce aux labeurs de nos pères, et nous doutons fort que, pour vous complaire, la pluie et le soleil cessent de féconder nos sites merveilleux, que le touriste renonce à ses plaisirs et à ses études.

Nos *industries*, dites-vous, et vous prononcez ce mot sans regret ! Nous avons la franchise et la douleur, hélas ! d'avouer que dans la *zone* l'industrie est à peu près absente; mais nous aimons à penser que la France, qui nous connaît et nous apprécie, ne tardera pas à utiliser les nombreux cours d'eau et les ressources industrielles que possède la Savoie.

Et à ce propos, n'est-ce pas à quelqu'un des vôtres, citoyens du Comité, que les habitants du Faucigny doivent l'ajournement de la construction d'une voie ferrée reliant Annecy à Genève en passant par la Roche et la vallée de l'Arve? Avez-vous alors tenu compte de l'intérêt général ?

4° « *Considérant que notre pays a fourni « son concours d'hommes et de sacrifices « bien que la neutralité dut l'affranchir « de ses charges.* »

Mais voilà, Messieurs, la condamnation de vos tendances : vous avouez naïvement que sans y être tenue, d'après vous, la Savoie a donné à la France ses hommes et son argent. Où trouver une preuve plus manifeste de l'attachement des Savoyards à la France?

Et vous voudriez que la défaite commune eût changé les sentiments de vos compatriotes?

Non, mille fois non, car c'est dans l'adversité commune que les âmes généreuses s'unissent et se fortifient. La déclaration de dévouement à la France faite à Langres par les mobiles de la Savoie, le démontre pleinement, et nous avons la douce conviction que cette dernière et malheureuse guerre aura cimenté l'affection des Savoyards et des Français en unissant leur sang et leurs intérêts.

5° « *Considérant que le vote de 1860 « œuvre de la pression impériale, n'a point « été la manifestation libre des aspirations « de nos contrées.* »

Il est surprenant qu'un maire et un adjoint de l'empire, ayant comme tels juré fidélité à l'empereur, viennent aujourd'hui parler de pression impériale ; il est surprenant que des hommes libres, comme prétendent l'être ceux du comité de Bonneville, aient subi cette pression et ne se soient point, comme tant d'autres de leurs amis, séparés de la France impériale.

Pendant dix années ces hommes ont servi, ont accepté l'empire sans formuler aucune plainte ; pendant dix années ils ont supporté la tyrannie, comme ils le disent, des agents de l'empire, et maintenant ils profitent de la liberté que leur laissent les fonctionnaires de la République pour lancer contre les Savoyards, leurs compatriotes, cette injure grossière : en 1860, vous avez voté comme des moutons de Panurge, vous avez voté comme des imbéciles qu'on conduit par le bout du nez ; ce que vous avez fait est nul, nous le déclarons nous, Comité de Bonneville.

Allons, Savoyards, dites et signez tous que vous avez eu tort et que seuls les citoyens du comité républicain de Bonneville ont raison.

Ecoutez leurs conseils, nous leur cédons la parole : venez à nous, nous formerons un petit canton suisse bien gentil, avec Bonneville pour capitale ; vous enverrez un tel, du comité, au conseil fédéral, mon neveu sera juge ; moi, j'irai au grand conseil ; vous verrez que tout ira bien.

Ou bien, nous formerons une petite république, toujours avec Bonneville pour capitale et les citoyens du Comité pour ministres ; car vous autres ruraux, avouez-le, vous avez prouvé en 1860, que vous étiez tous des ignorants, des idiots, ne connaissant rien à vos affaires.

Ou bien encore.... tout ce que vous voudrez, pourvu que Bonneville soit capitale et nous à votre tête.

Allons, dépêchez-vous ; vite ! vite ! le comité républicain de Bonneville attend, il est très-pressé ; signez sans retard votre haine pour la France, où vos enfants vont travailler et s'instruire, et jetez-vous dans les bras du grand apôtre de la sécession qui vous jugera et *fera des démarches en conséquence.*

IV

Hé bien ! Savoyards, qui avez la prétention et la réputation d'avoir du bon sens et de l'énergie, comment trouvez-vous que l'on vous traite ?

Ainsi l'on vous demande si vous ne préférez pas l'affection de quelques Bonnevilliens à l'estime et à l'appui de 38,000,000 de Français qui, nous en sommes convaincus, sauront fonder et conserver la République honnête que vous désirez et que vos députés, tous républicains, défendent hautement et sagement à l'Assemblée nationale.

Comme les citoyens membres du comité républicain de Bonneville, les Savoyards ont déclaré qu'ils étaient dévoués à la France républicaine. Veulent-ils être menteurs et traîtres à leurs promesses ? Non, nous l'assurons.

Tantôt Italiens, Suisses ou Français, les Savoyards ont su conserver intacte leur réputation d'honneur et de loyauté : ils ne mentiront pas à leur passé.

Laissons donc aux avocats ambitieux la liberté de consulter les actes et les traités des rois qui disposaient de nous comme d'un troupeau d'agneaux.

Restons unis, si nous voulons que l'on compte avec nous ; il ne doit pas y avoir des Savoyards du nord, des Savoyards du midi, de la droite, de la gauche ou du centre.

A ceux qui, niant nos actes et nos volontés, prétendent nous conduire à leur gré et s'en vont crier dans le monde : « Nous consultons les Savoyards du nord qui nous confient leurs destinées ; *à qui la Savoie du nord ?*

A ceux-là, quels qu'ils soient, d'où qu'ils viennent, répondons nettement: « Les Savoyards sont à qui leur plaît et non aux ambitieux qui veulent les conduire et les brider. »

Cluses, le 24 mai 1871.

E. CLAMOUX.

www.ingramcontent.com/pod-product-compliance
Lightning Source LLC
Chambersburg PA
CBHW060609050426
42451CB00011B/2168